Former et fidéliser un nouveau collaborateur

Joseph-Luc Blondel

Livret réalisé à partir de la base documentaire d'INSEP CONSULTING

Illustrations d'Etienne Appert

INSEP CONSULTING
Éditions

Sommaire

Pourquoi soigner l'intégration d'un nouveau collaborateur ?

Nouvelle embauche, nouvelle affectation, jeune ou adulte, en formation qualifiante alternée…

- l'intégration d'un nouveau consomme le temps des collègues et du responsable ;
- c'est parfois vécu comme une contrainte, une perte de temps ;
- cette intégration représente un coût, pour l'entreprise c'est un investissement à optimiser ;
- la déception, le départ prématuré d'un nouveau collaborateur est un gaspillage.

Les questions qui se posent :

Comment accélérer l'apprentissage ?

Comment inciter le collaborateur à prendre en main sa fonction de façon active ?

Comment être sûr de conserver les collaborateurs qui ont du talent ?

1. Comment accueillir et intégrer un nouveau collaborateur ?

Points de vigilance pour réussir l'accueil

	Prévu	À prévoir
• Rappeler à la hiérarchie la date d'arrivée.	☐	☐
• Rassembler, actualiser les informations : organigramme, livret d'accueil, référentiels d'activités, de compétences, guides des bonnes pratiques…	☐	☐
• Prendre un rendez-vous avec les services du personnel.	☐	☐
• Lister les personnes à voir prioritairement dans les semaines à venir.	☐	☐
• En réunion d'équipe, prévoir une présentation.	☐	☐
• Vérifier si le matériel, le bureau, les outils informatiques, les rangements sont prévus et disponibles.	☐	☐
• Présenter dans les grandes lignes les phases d'intégration, de formation, d'évaluation.	☐	☐

Check-list

	Oui	En partie	Non
• Avez-vous bloqué du temps pour l'accueillir ?	❐	❐	❐
• Ressentez-vous cette phase comme une perte de temps ?	❐	❐	❐
• Avez-vous fixé l'objectif de cette phase ?	❐	❐	❐
• La date d'arrivée est-elle connue dans l'équipe ?	❐	❐	❐
• Plus largement dans les autres services ?	❐	❐	❐
• Existe-t-il un guide à jour d'informations pratiques ?	❐	❐	❐
• Avez-vous conçu et formalisé une présentation de votre entreprise ?	❐	❐	❐
- De votre service ?	❐	❐	❐
- Des caractéristiques de vos produits ou de vos services ?	❐	❐	❐
• Des visites sont prévues, à quels moments ?	❐	❐	❐
• Une date de pot de bienvenue est-elle fixée ?	❐	❐	❐
• Avez-vous prévu de déjeuner avec lui ?	❐	❐	❐
• Des entretiens sont-ils planifiés ?	❐	❐	❐
• Avez-vous présenté les tuteurs qui vont l'accompagner durant les premiers mois ?	❐	❐	❐

Accueillir le nouveau collaborateur

1. Se mettre à la place de l'intéressé

S'imaginer quelles sont ses premières préoccupations pour répondre directement à ses attentes.

2. Impliquer l'ensemble de l'équipe

Si le manager a la responsabilité de gérer la préparation et de réussir la phase d'accueil, les équipiers sont directement concernés par son intégration et sa formation.

3. Responsabiliser le nouvel arrivant

Inciter rapidement à être actif dans la manière de prendre la fonction. Ne pas le laisser des heures devant une pile de documents à lire ou devant un ordinateur ! Qu'il se sente tout de suite utile en se servant de ses compétences actuelles.

Intégrer le nouveau collaborateur

Ce que souhaite le nouveau collaborateur :

- Apprendre vite.
- Connaître le travail à faire et les comportements attendus.
- Découvrir les produits ou les services de l'entreprise.
- Avoir rapidement de bonnes relations avec ses collègues.
- Prendre sa place dans une équipe.
- Pouvoir prendre des initiatives.

L'entreprise partage ces objectifs, de plus, elle souhaite :

- Le rendre efficace rapidement.
- Lui faire adopter les comportements attendus.
- Lui faire comprendre :
  - les besoins des clients ;
  - le pourquoi du travail ;
  - la nécessité de respecter des règles, les habitudes de travail.

Avec les jeunes...

L'avez-vous remarqué, les jeunes générations n'ont plus les mêmes « repères » culturels que leurs aînés, c'est un fait.

Est-ce que vous en tenez compte dans vos relations avec eux ?

Les 7 piliers de la « sagesse » jeune :

entre conformisme et rébellion

1. Le temps et l'espace vécus sur un mode immédiat, instantané, virtuel.

2. Faire des projets dans une continuité planifiée ? bof ! Vivre intensément une suite d'instants juxtaposés, surfer dans le virtuel, ne pas scotcher, ça l'fait !

... de nouveaux repères culturels

3. **L'émotion toujours !** Éduqués par les musiques du monde, du hard-rock en passant par les chants bouriates jusqu'au grégorien et la vitesse des images par le zapping comme mode de vie.

4. L'importance classificatrice des **looks éphémères** qui proposent le corps dans tous ses états.

5. **Le feeling, comme spontanéité affective,** et le langage de contact ressenti avec les autres, l'emporte sur le raisonnable synonyme d'ennuyeux et difficile comme un gros livre à lire sans résumé ni image.

6. En un mot, **la liberté, comme exigence** d'émancipation intellectuelle et affective, d'autonomie, d'indépendance.

7. **Rapidité, mobilité,** logique des flux, connections sur réseaux, toujours et partout, passer du nouveau au nouveau, découvrir, innover, créer et... vite !

1- Ne pas jouer le numéro des anciens et des modernes !

2- Mais inversement, gare au jeunisme !

3- Faites confiance. *N'essayez pas de* « mettre au pas » *de* « dresser avec vos bonnes vieilles méthodes de travail ! ». *Les meilleurs fuiront !*

Adieu la fidélisation.

4- Faites confiance. Ne pas spécialiser trop vite, profiter des opportunités pour qu'il fasse ses preuves et vive des expériences avec d'autres, le travail solitaire c'est nul !

5- Mettez-le au travail : « finie la discute au boulot ! »

6- Faites-lui sentir votre disponibilité.

7- et… souvenez-vous de l'accueil que vous aviez reçu !

2. Comment former un nouveau collaborateur ?

Attention ! dans les premières semaines, ne pas confier au nouveau collaborateur une mission d'observation du genre : « *Vous êtes nouveau, regardez bien ceux qui travaillent, analysez leurs fonctionnements, réfléchissez et donnez vos idées.* »
Risque : *le couper artificiellement de sa place effective dans l'équipe.*
Alors que faire faire ?

Quand ?	Quoi ?	Avec qui ?
La première semaine	Recueillir le maximum d'informations : sur les clients, le travail, les règles, la fonction, les outils de travail, les façons de faire… Régler son dossier avec le responsable RH	Des collègues, les hiérarchiques. Service Ressources Humaines.
Les deux semaines suivantes	S'organiser. Classer les informations. Planifier ses premières activités. Commencer à les réaliser.	Les tuteurs chargés d'accompagner les apprentissages du nouveau collaborateur dans les situations de travail. Les hiérarchiques et les tuteurs.

Quand ?	Quoi ?	Avec qui ?
Les trois premiers mois	Réaliser des activités planifiées, organisées, de plus en plus complexes. Réaliser des entretiens pour apprécier les résultats et la performance.	Les tuteurs, des collègues, seul. Les hiérarchiques et les tuteurs.

Mais durant ces périodes, des moments d'anxiété, de découragement, de stress peuvent apparaître, surtout chez les consciencieux.

Si le nouveau collaborateur demande un entretien, le tuteur le déclenche sans attendre.

S'il n'en fait pas la demande, le tuteur provoque l'entretien.

1 Préalables

Identifier les compétences à maîtriser, les comportements à acquérir.

Analyser le travail ; décomposer les différentes phases, repérer les activités importantes et difficiles.

Se préparer mentalement à réaliser la formation. Il faut connaître le travail à faire mais aussi la meilleure façon de le transmettre.

Se représenter par avance le déroulement de la formation. Que dire ? Comment montrer le travail ? Anticiper les questions possibles ? Quelles difficultés peut-il rencontrer ?

Rassembler la documentation, les supports qui viennent en appui de la formation.

Éventuellement préparer le lieu où va se dérouler l'activité.

2 Introduction

Mettre le nouveau collaborateur à l'aise.

Expliquer quel est l'objectif. Indiquer ce que le nouveau collaborateur sera capable de faire après l'apprentissage.

Situer son niveau actuel. Lui poser des questions, lui demander de vous montrer comment il fait.

Donner envie d'apprendre et expliquer pourquoi il est important de le faire en respectant les procédures.

3 Présentation de la méthode de travail

Faire une présentation du travail. Discuter avec lui pour s'assurer qu'il comprend ce qu'il fait.

Expliquer progressivement une seule phase à la fois. Ne pas l'inonder d'informations. Adapter la vitesse à ses possibilités d'attention.

Faire ressortir les points-clés. Montrer comment les traiter. Insister sur ces points en répétant.

Au besoin renouveler la présentation du travail.

4 Mise en pratique et appréciation

Faire faire le travail au nouveau collaborateur. Lui demander d'expliquer ce qu'il fait dans le même temps, en particulier les points-clés.

Observer sa façon de faire le travail. Est-ce fait correctement ? En respectant les règles à appliquer ? Observer les résultats. Vérifier la bonne mise en œuvre.

Apprécier le résultat. Communiquer votre appréciation. Corriger immédiatement les erreurs en expliquant. Encourager.

Demander de reproduire plusieurs fois le travail. Mettre d'abord l'accent sur la rigueur, la qualité du travail, sur la méthode. Améliorer la rapidité ultérieurement.

Inciter le collaborateur à s'auto-évaluer.

5 Consolidation

Faire le point avec le nouveau collaborateur sur ce qu'il a appris, sur les points forts, sur les points à renforcer.

L'inciter à poser des questions.

L'inciter à pratiquer seul, en lui proposant des points de contrôle.

Donner des objectifs et planifier le travail pour qu'il puisse le plus rapidement possible appliquer.

Maintenir l'apprentissage dans la durée. De façon périodique : *faire refaire, faire découvrir, faire pratiquer.*

Donner la possibilité de continuer d'apprendre de façon autonome. Signaler les sources d'information et de documentation. Proposer l'appui de personnes ressources.

Comment prendre en main sa fonction ?

Pour aider le nouveau collaborateur à piloter sa prise de fonction durant les premiers mois, lui proposer d'utiliser ce guide.

Volet 1	L'utilisation de mon temps Liste des activités que j'aurai à accomplir dans ma fonction :
Chaque jour : ______	
Chaque semaine : ______	
Chaque mois : ______	
Ma contribution	
Liste des services que je vais rendre	Destinés à quels utilisateurs ?

Volet 2 Les personnes ou les unités avec lesquelles je serai en relation pour exercer ma fonction

Unité	Nom	Téléphone	Rôle

Ce qu'il faut apprendre pour mon travail

Sur les clients : ____________________

Sur les services fournis par notre unité : ____________________

Sur les règles pour faire le travail : ____________________

Sur les moyens à ma disposition : ____________________

Sur le fonctionnement de l'unité : ____________________

Qui peut m'aider pour cela : ____________________

Actions concrètes à entreprendre pour prendre en main ma fonction

Les premières semaines : ____________________

Les premiers mois : ____________________

La première année : ____________________

Décrire une séquence de travail

Utiliser soit des descriptifs existants, soit ce modèle de document

Désignation de la séquence de travail : Acteurs : Moyens nécessaires : Documents de références :

Description des opérations Les grandes phases et les tâches pour chaque phase	Points-clés Pour chaque phase, points importants qui conditionnent la qualité du travail

3. Comment accompagner un nouveau collaborateur ?

Choisir des tuteurs

Pour choisir des tuteurs au sein de l'équipe, plus spécialement chargés d'intégrer, de former et d'apprécier le nouveau collaborateur, voici des critères qui donnent de la valeur à votre choix.

- Un professionnel reconnu par ses pairs.
- Passionné par son métier.
- Soucieux de le transmettre.
- Avec un écart d'âge ou d'ancienneté suffisant (pas trop ni trop peu).
- Sens du contact, direct, juste.
- Volontaire et motivé.
- Disponible.
- Prend des initiatives.
- Sait encourager, rassurer, apprécier, rectifier.
- Pertinent dans ses critiques.
- Clair dans ses explications.

Il y en a plus que l'on croit dans les équipes performantes !

Communiquer

Organiser

- Définir des instructions, des consignes
- Définir des objectifs
- Programmer les activités, organiser le travail
- Définir des modes opératoires, des procédures
- Planifier, suivre et contrôler les activités
- Décrire les fonctions, définir les rôles
- Évaluer les résultats, les performances
- Prendre des décisions

Donner du feed-back

*Le feed-back**

- renforce l'apprentissage ;
- informe rapidement en retour sur les résultats ;
- permet de réagir, d'adapter son comportement en fonction de l'effet produit ;
- développe la motivation, la reconnaissance et la focalisation sur les résultats recherchés.

Feed-back efficace	À éviter
Donner un feed-back rapide, dès que le résultat est connu.	*« On en parlera plus tard. »*
Décrire les faits de façon précise, éviter les généralités.	*« Cela ne va pas, ce n'est pas la bonne façon de faire. »*
Donner souvent du feed-back positif pour encourager. Des points positifs à côté de points à améliorer.	*« Vous avez tout faux. »*
Donner du feed-back critique en privé, de façon constructive, sans dévaloriser.	*À la cantonade : « votre collègue vient de vous montrer ce qu'il ne faut pas faire ! »*
Inviter le collaborateur à réagir à ce que vous venez de lui dire.	*« Je sais ce que je dis, c'est comme cela et pas autrement ! »*

* Feed-back : information en retour sur les effets produits, ce qui suscite une régulation des causes.

Donner des signes de reconnaissance

Signe de reconnaissance ?
Marque d'attention, verbale ou non verbale, positive ou négative, par laquelle le tuteur manifeste au nouveau collaborateur qu'il existe.

Deux situations :

- Des signes de reconnaissance conditionnels s'appliquent à ce que vous faites.

- Des signes de reconnaissance inconditionnels s'appliquent à ce que vous êtes.

Quatre cas de figures

« *Ah ! vous voilà, je suis content de vous voir* », est un signe de reconnaissance positif inconditionnel.

« *Et en plus, je ne peux pas compter sur vous* », est un signe de reconnaissance négatif inconditionnel.

« *Je tiens à vous le dire, le travail que vous avez fait depuis une semaine dans des conditions difficiles est excellent* », est un signe de reconnaissance positif conditionnel.

« *Votre description de la dernière situation de travail que vous avez réalisée est incomplète* », est un signe de reconnaissance négatif conditionnel.

Éviter d'envoyer des signes de reconnaissance négatifs inconditionnels, ils sont très destructeurs.

Exemple : gérer les impressions de documents

Besoin d'apprentissage	Connaissances à acquérir	Savoir-faire à entraîner	Comportement attendu
Gérer les impressions de documents	Les imprimantes locales et les imprimantes réseaux. La notion de driver. Les différents types de polices de caractères (écran et imprimante). Les polices de substitution.	Installer une imprimante sur un poste de travail. Mettre en place les fonctions spécifiques à l'imprimante. Installer des polices de caractères et en assurer la gestion sur le poste de travail. Lancer une impression.	Mettre en place et gérer les typographies sur le poste de travail. Imprimer de manière optimale des documents depuis les différentes applications.

Planifier les activités

Nouveau collaborateur	Besoin d'apprentis-sage	Activité choisie pour l'apprentis-sage	Échéances et planification des actions	Tuteur ou collègue pour cette formation

Écouter le nouveau collaborateur

Le nouvel arrivant est porteur de changement.

Comment sont compris ses apports, ses références à d'autres expériences, comment se recompose l'équipe de travail à partir de son arrivée ?

Comment présente-t-il l'organisation qu'il vient de découvrir ?

Quelles sont les zones d'ombre qui persistent pour lui ?

Quelles analyses faire des difficultés qu'il rencontre ?

Comment exploiter ses remarques ?

Comment profiter de ses réactions pour réexpliciter le fonctionnement, les procédures, les finalités du travail ?

Être à l'écoute de ses réactions, c'est bénéficier d'une extériorité enrichissante dans une équipe.

Extrait de *Organiser le travail pour qu'il soit formateur,* C. Darvogne, D. Noyé, INSEP CONSULTING Éditions, 2000.

4. Comment apprécier un nouveau collaborateur ?

Apprécier des résultats obtenus

Dans une période de mise en route, il est très important d'apprécier les premiers résultats obtenus. C'est indispensable pour juger si le collaborateur va convenir ou non. C'est nécessaire pour lui faire prendre un bon départ.

L'objectif de résultat a-t-il été atteint ?

- Conformité et qualité du résultat obtenu par le collaborateur.
- Satisfaction des clients pour lesquels il a travaillé.
- Respect des délais.
- Temps passé et ressources utilisées pour obtenir le résultat.

Si l'objectif n'est pas atteint, pour quelle raison ? Il est important de faire un bon diagnostic.

(L'objectif n'a pas été communiqué clairement, manque de savoir-faire du collaborateur, manque de temps, objectif pas bien compris, perturbation due à l'environnement, problème de comportement, manque d'accompagnement par un tuteur...)

Apprécier la façon de travailler, le comportement

Dans une période de mise en route, il convient d'être aussi attentif à la façon de travailler qu'au résultat obtenu.

Quels constats sur la façon de travailler ?

- Compréhension des processus de travail, de la chronologie des opérations.
- Utilisation pertinente des informations et des documents de référence.
- Fiabilité, rigueur, précision.
- Respect des horaires.
- Bonnes relations avec les clients et partenaires.
- Coopération avec les collègues, retransmission des informations, sociabilité.
- Respect des règles et des consignes, de la sécurité, de la confidentialité.

Tenir compte de plusieurs points de vue

Pour objectiver ce type d'appréciation, il est utile de croiser les regards et de prendre en compte les observations de toutes les personnes qui ont à travailler avec ce nouveau collaborateur.

Estimer les chances de réussite

En fin de période d'essai, une décision doit être prise : confirmation dans la fonction, renouvellement de la période d'essai, interruption de la collaboration (ce qui peut être décidé à tout moment de la période d'essai). Cette décision est lourde de conséquences.

La décision est facile si le résultat du travail et les comportements sont appréciés de façon positive ; si la performance n'est pas tout à fait à la hauteur, il faut alors estimer les chances de réussite, en appréciant la capacité à progresser, le potentiel.

Le collaborateur va-t-il continuer de progresser ?

- Il a déjà beaucoup appris entre son jour d'arrivée et aujourd'hui.
- Il veut apprendre, il écoute, il s'informe.
- Il entend les remarques sur les résultats.
- Il accepte de se remettre en question.
- Il améliore sa vitesse d'exécution.
- Il s'adapte aux aléas.
- Il fait des suggestions.
- Il prend des initiatives.
- Il a de bonnes relations avec ses collègues.

Donner des encouragements

La réussite et les appréciations positives facilitent plus l'apprentissage que l'échec et la réprobation

Cependant, pour être efficace, les encouragements doivent se rapporter à des actes précis. Les phrases générales comme « *vous pouvez réussir* », « *vous êtes bon* » ne sont pas utiles.
Par ailleurs, l'échec ralentit l'apprentissage et peut susciter un comportement inadapté. Les mauvaises façons de faire laissent des traces, même quand elles sont corrigées.
Pour ces raisons, il convient de créer des situations d'apprentissage pour lesquelles le collaborateur est en mesure de réussir.

Les signes de reconnaissance positive sont indispensables pour recharger les personnes en énergie.

5. Comment fidéliser un nouveau collaborateur ?

Fidéliser : un état d'esprit

Le coût de la rotation du personnel est élevé. Il comprend le recrutement, la formation, le travail en double, le tutorat, une baisse provisoire de productivité, le temps du manager, des équipiers.

Avez-vous calculé l'économie pour votre entreprise d'une division du turn-over par 3 ?

Avez-vous calculé le gain de temps pour le manager, les équipes ?

Fidéliser les collaborateurs est une des responsabilités du manager.

Maintenir ce lien dans le temps nécessite une attention sur la durée.

Si le niveau de rémunération offert reste un facteur déterminant pour garder des collaborateurs, s'attacher les « bons » collaborateurs est un avantage concurrentiel de plus en plus décisif qui ne passe plus exclusivement par la rémunération ou par la garantie d'emploi.
Valoriser la contribution du collaborateur au sein de l'entreprise va beaucoup plus loin que la juste rémunération en fonction de la performance. C'est un état d'esprit et des pratiques qui reposent sur la confiance.

Ce qu'il faut faire

Fidéliser un nouveau collaborateur passe par des actes et des comportements :

- S'intéresser à lui, apprendre à le connaître, ne pas le juger en dehors de faits et de comportements observables.
- Lui montrer l'importance et l'utilité de chaque emploi.
- Comprendre ses motivations, son implication, son éthique.
- Le guider dans l'apprentissage du métier en respectant sa personnalité et ses façons de faire.
- Écouter, solliciter ses réactions, ses réflexions concernant le travail et son environnement.
- Parler de l'avenir, envisager des formations possibles et des responsabilités à prendre, définir des projets.

Ce qu'il faut éviter de faire ou laisser faire

Un climat de travail
tendu, rempli
de rumeurs

Une activité dont on ne
voit pas l'utilité

Un manque d'informations
claires, de transparence,
de communication directe
et franche de la part
de la direction

Des conditions de travail qui
se dégradent petit à petit
sans pouvoir y apporter
de solutions simples

Un travail sournoisement envahissant qui risque d'interférer dans la vie privée

Les portes qui se ferment

Les regards fuyants

Jamais de sourires

Pas de moments de plaisir avec d'autres collaborateurs

Le silence lourd qui tient lieu d'ambiance

Pas de visibilité sur l'avenir immédiat

Fidéliser des jeunes collaborateurs

Les jeunes sont souvent **impatients de se dégager d'un système éducatif** qui les a **privés de responsabilités,** d'autres s'imaginent, en bons étudiants, qu'ils vont enfin pouvoir **appliquer les connaissances enseignées.**

Face à ces deux tentations, comment réagir ?

En favorisant l'autonomie et la responsabilité dès la période d'intégration, à partir du moment où les premiers mois sont positifs, les comportements adaptés, les résultats atteints, le niveau de performance satisfaisant... ne pas hésiter à favoriser les prises d'initiatives, les innovations, les préconisations d'amélioration.

En se centrant sur les faits et les comportements concrets et observables.

Faute d'expérience significative, l'intégration est d'abord pour eux la découverte et **la confrontation, parfois dure, avec une réalité :** celle d'adultes dans un lieu de production réglementé, organisé pour atteindre des résultats et dont la finalité est de satisfaire des clients.

Pour une implication durable

La fidélité des salariés est une idée en perte de vitesse ; la notion de « *bons et loyaux services* » est devenue désuète. Avec le temps, il existe un risque de détachement du salarié qui ne se sent pas lié. De son côté, l'entreprise ne peut plus garantir la sécurité de l'emploi.

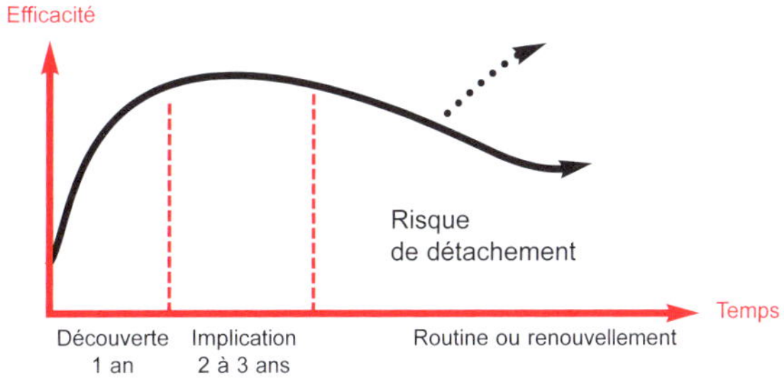

Après deux à trois ans d'implication, les départs sont souvent dus au fait que l'entreprise ne répond plus aux aspirations du collaborateur. Pour le fidéliser, il convient de lui proposer un emploi qui a de l'attrait à ses yeux : *nouvelles responsabilités, autre fonction, mobilité interne, formation...*

Chaque collaborateur a des attentes spécifiques. Ces attentes évoluent dans le temps. Le manager doit les repérer et pratiquer un management individualisé.

Lectures complémentaires

C. Balicco, *Les méthodes d'évaluation en ressources humaines - La fin des marchands de certitude,* éditions d'Organisation, 1997.

P. Boulet, *L'enjeu des tuteurs : accueillir et former des jeunes en milieu industriel,* éditions d'Organisation, 1992.

C. Darvogne, D. Noyé, *Organiser le travail pour qu'il soit formateur,* INSEP CONSULTING Éditions, 2000.